Taschenfibel für den Sicherheitsdienst

Grundwissen für die tägliche Praxis

von

AF286931

Volker Römstedt

2. Auflage, 2022

Herstellung und Verlag: BoD - Books on Demand, Norderstedt

ISBN: 9783839107171

Haftungsausschluss

Liebe Leserinnen und Leser,

es wird darauf verwiesen, dass alle Angaben in diesem Buch trotz sorgfältiger Bearbeitung ohne Gewähr erfolgen und eine Haftung des Autors oder des Verlages, auch im Hinblick auf künftige Gesetzesänderungen, ausgeschlossen wird.

Einleitung

Um das für die tägliche Praxis im Sicherheitsdienst notwendige Grundwissen stets parat zu haben, ist diese Buch konzipiert worden. Es möge somit als kleines Nachschlagewerk dienen.

Name: _____

Blutgruppe: _____

Im Notfall benachrichtigen (Tel.-Nr.)

_____

_____

_____

Allergien / Unverträglichkeiten

_____

_____

_____

Wichtiges

_____

_____

_____

_____

Inhalt

Seite

1. Einsatzgrundsätze 5

2. Jedermannsrechte
   2.1 Notwehr/Nothilfe, § 227 BGB 7
   2.2 Verteidigender Notstand, § 228 BGB 9
   2.3 Selbsthilfe, § 229 BGB 11
   2.4 Selbsthilfe des Besitzers/Besitzdieners 13
   2.5 Angreifender Notstand, § 904 BGB 15

3. Rechtfertigung im Strafrecht 17
   3.1 Notwehr/Nothilfe, § 32 StGB 18
   3.2 Rechtfertigender Notstand, § 34 StGB 18
   3.3 Vorläufige Festnahme, § 127 StPO 20

4. Häufige Straftaten
   4.1 Übersicht 22
   4.2 Kurzdarstellung der Straftaten 24

5. Verbotene Waffen 34

6. Eigensicherung
   6.1 Grundsätze 36
   6.2 L-Stellung 38
   6.3 Z-Stellung 40
   6.4 Fahrzeugkontrollen 41

7. Festnahme und Fesselung
   7.1 Festnahme 42
   7.2 Fesselung 44

8. Meldung 46

9. Verhalten am Tatort 47

10. Kfz-Erfassung/Personenbeschreibung 48

11. Die Sicherheitskraft als Beschuldigter 50

12. Die Sicherheitskraft als Zeuge 52

13. Jugendschutzgesetz 53

14. Eigene Notizen 54

Abkürzungsverzeichnis 55

Literaturverzeichnis/Autor 56

1. Einsatzgrundsätze

- Nur JEDERMANNSRECHTE anwenden

- Vorgehen möglichst im TEAM

- EIGENSICHERUNG beachten

- ÜBERSICHT behalten

- VORSICHT jede Situation als neu behandeln.

2. Jedermannsrechte

Es gilt unbedingt zu beachten, dass die Sicherheitskraft

-> grundsätzlich über keine Sonderrechte, sondern nur über die sog. „Jedermannsrechte" verfügt.

-> hierbei den „Grundsatz der Verhältnismäßigkeit der Mittel" einzuhalten hat (also nur das mildeste geeignete Mittel für eine Maßnahme anwenden darf).[1]

-> die Grundrechte des Menschen, insbesondere die Menschenwürde, zu wahren hat.[2]

-> das Schikaneverbot nach § 226 BGB[3] berücksichtigt und keine (zulässige) Maßnahme durchführt, nur zum Zweck, einem anderen einen Schaden zuzufügen.

Die Jedermannsrechte erlauben uns Maßnahmen durchzuführen, die andernfalls eine „unerlaubte Handlung" nach § 823 BGB mit der Rechtsfolge einer Schadensersatzpflicht darstellen würden oder strafbar nach dem StGB/der StPO wären.

---

[1] Vergl. Peters/Weger/Lowien, Unterrichtung, 2007, S. 17
[2] Vergl. ebenda, S. 20
[3] Vergl. Schönfelder, Deut. Gesetze, 2022, 20 BGB, S. 45

2.1 Notwehr/Nothilfe, § 227 BGB

Gesetzestext, § 227 Abs. 2 BGB:

„Notwehr ist diejenige **Verteidigung**, welche **erforderlich** ist, um einen **gegenwärtigen rechts-widrigen Angriff** von sich oder einem anderen abzuwenden."[4]

Es bedeutet:[5]

„Verteidigung":
ist jedes Verhalten um den Angriff zu beenden.

Die Verteidigung hat nach dem Verhältnismäßig-keitsprinzip zu erfolgen, was bedeutet, dass von den möglichen Verteidigungshandlungen diejenige gewählt werden muss, die den geringsten Schaden verursacht; also das „mildeste Mittel".

Der Verteidiger muss mit dem Verteidigungswillen handeln und darf nicht aus Motiven wie Hass, Wut o.ä. geleitet sein. Bei einer „Schlägerei unter Personen zum Zwecke des Kräftemessens" fehlt es regelmäßig am Verteidigungswillen.

---

[4] Schönfelder, Deut. Gesetzte, 2022, 20 BGB S. 45
[5] Vergl. Peters/Weger/Lowien, Unterrichtang, 2007, S. 57-59

Die Kontrahenten wollen den Kampf; also keine Notwehrsituation.[6]

„erforderlich":

Die Handlung muss notwendig und geeignet sein, um den Angriff sofort zu beenden.

„gegenwärtig":

ist ein Angriff, der

- unmittelbar bevorsteht,
- gerade begonnen hat   oder
- noch nicht beendet ist.

„rechtswidrig":

ist der Angriff, wenn der Angreifer keinen Rechtfertigungsgrund hat (vergl. 3.).

„Angriff":

geht immer von einem Menschen aus, der fremde Rechtsgüter verletzt. Der Angriff kann sich richten gegen:

- Personen (-> Leben, Leib, Freiheit, Ehre)
- Sachen   (-> Eigentum, Besitz)
- Hausrecht.

---

[6] Vergl. Peters/Weger/Lowien, Unterrichtung, 2007, S. 59

2.2 Verteidigender Notstand, § 228 BGB

auch als Defensivnotstand oder Sachwehr bezeichnet.

Gesetzestext § 228 BGB:

> „Wer eine fremde Sache beschädigt oder zerstört, um eine durch sie drohende Gefahr von sich oder einem anderen abzuwenden, handelt nicht widerrechtlich, wenn die Beschädigung oder Zerstörung zur Abwendung der Gefahr erforderlich ist und der Schaden nicht außer Verhältnis zur Gefahr steht. Hat der Handelnde die Gefahr verschuldet, so ist er zum Schadensersatz verpflichtet."[7]

Hierbei darf man sich direkt gegen eine gegenwärtige, nicht anders abwendbare Gefahr, die von einer <u>Sache</u> oder einem <u>Tier</u> ausgeht, verteidigen. Es genügt, wenn eine konkrete Gefahr droht, also mit dem Schadenseintritt in kurzer Zeit zu rechnen ist.[8]

---

[7] Schönfelder, Deut. Gesetze, 2022, 20 BGB, S. 45
[8] Vergl. Peters/Weger/Lowien/ Unterrichtung, 2007, S. 63

Die gefährdende Sache/Tier darf beschädigt oder zerstört werden, wobei zu beachten gilt, dass die Zerstörung oder Beschädigung

- erforderlich sein muss.

- nicht aus Wut, Hass o.ä. erfolgen darf.

Der Wille zur Gefahrenabwehr muss vorliegen.

- keinen viel größeren Schaden verursachen darf, als hätte man nichts unternommen.

(Verhältnismäßigkeit der Handlung)

2.3 Selbsthilfe, § 229 BGB

Gesetzestext § 229 BGB:

„Wer zum Zwecke der Selbsthilfe eine Sache wegnimmt, zerstört oder beschädigt oder zum Zwecke der Selbsthilfe einen Verpflichteten, welcher der Flucht verdächtig ist, festnimmt oder den Widerstand des Verpflichteten gegen ein Handlung, die dieser zu dulden verpflichtet ist, beseitigt, handelt nicht widerrechtlich, wenn obrigkeitliche Hilfe nicht rechtzeitig zu erlangen ist und ohne sofortiges Eingreifen die Gefahr besteht, dass die Verwirklichung des Anspruchs vereitelt oder wesentlich erschwert wird."[9]

Voraussetzungen:[10]

- ein (privat-)rechtlicher Anspruch
  (z.B. auf Herausgabe von Gegenständen, Zahlung von Schadensersatz, etc)

- obrigkeitliche Hilfe (Gericht/Polizei) ist nicht rechtzeitig zu erlangen. Sie muss schnellstmöglich geholt werden!

- ohne sofortiges Eingreifen besteht die Gefahr, dass die Durchsetzung des Anspruches wesentlich erschwert oder vereitelt wird.

- Handlung als Wille nur zum Zwecke der Selbsthilfe

---

[9] Schönfelder, Deut. Gesetze, 2022, 20 BGB, S. 45
[10] Vergl. Otto/Gilles, Kurzinformation, 2005, S. 4

Befugnisse:

- wegnehmen, beschädigen oder zerstören einer
  Sache
- Festnahme des Verpflichteten bei Fluchtverdacht
- Widerstand beseitigen

In diesen Fällen ist eine vorläufige Festnahme nach § 127 StPO **nicht zulässig**:

- bei (Laden-) Diebstahl durch unter 14-Jährige.

- bei versehentlicher Sachbeschädigung
  (mangels Vorsatz keine Straftat!)

2.4 Selbsthilfe des Besitzers/ Besitzdieners, §§ 859, 860 BGB

Gesetzestext (§ 859 Abs. 1 BGB):

„Der Besitzer darf sich verbotener Eigenmacht mit Gewalt erwehren."[11]

Dies ist die sog. Besitzwehr bzw. –störung, z.b. bei Hausfriedensbruch oder Sachbeschädigung.

Gesetzestext (§ 859 Abs. 2 BGB):

„Wird eine bewegliche Sache dem Besitzer mittels verbotener Eigenmacht weggenommen, so darf er sie dem auf frischer Tat betroffenen oder verfolgten Täter mit Gewalt wieder abnehmen."[12]

Diese sog. Besitzkehr bzw. –entziehung ist z.B. bei Diebstahl oder Unterschlagung gegeben. Der Besitz einer Sache wird durch die Erlangung der tatsächlichen Gewalt über sie erworben. Der Besitzdiener hat dieselben Rechte wie der Besitzer.

Die Selbsthilferechte „mit Gewalt erwehren" bzw. „mit Gewalt wieder wegnehmen" dürfen nur unter Beachtung des Prinzips der „Verhältnismäßigkeit der

---

[11] Schönfelder, Deut. Gesetzte, 2022, 20 BGB, S. 216
[12] ebenda

Mittel" ausgeübt werden. Bei beweglichen Sachen mit geringem Wert dürfte daher unter Beachtung dieser Angemessenheitsregel nur sehr wenig gewaltsame Selbsthilfe zulässig sein.[13]

Die Begriffe „auf frischer Tat betroffen oder verfolgter Täter" erfordern ein unverzügliches Handeln.

Beachte:
Wie der Begriff schon sagt, dienen die Selbsthilferechte dazu, sich selbst zu helfen. Sie können aber auf andere übertragen werden. In der Praxis werden die Selbsthilferechte nach § 229 BGB und §§ 859, 860 BGB regelmäßig der Sicherheitskraft zuvor per Dienstanweisung (bzw. Dienstvertrag) übertragen und gelten dann nur während der Dienstzeit.

Beispiel:
Die Sicherheitskraft (SK) beobachtet während des Dienstes einen Ladendieb, der aber flüchten kann. 5 Stunden später (nach dem Dienst) sieht SK den Dieb zufällig an der Bushaltestelle. SK hat nun keine Selbsthilferechte (Festnahme nach § 229 BGB) mehr. Da keine „frische Tat" und auch keine „Verfolgung" nach § 127 StPO vorliegt, kann SK den Dieb auch nicht „vorläufig festnehmen".

---

[13] Vergl. Peters/Weger/Lowien, Unterrichtung, 2007, S. 76

2.5 Angreifender Notstand, § 904 BGB

wird auch als Aggressivnotstand bezeichnet.

Gesetzestext § 904 BGB:

„Der Eigentümer einer Sache ist nicht berechtigt, die Einwirkung eines anderen auf die Sache zu verbieten, wenn die Einwirkung zur Abwendung einer gegenwärtigen Gefahr notwendig und der drohende Schaden gegenüber dem aus der Einwirkung dem Eigentümer entstehenden Schaden unverhältnismäßig groß ist. Der Eigentümer kann Ersatz des ihm entstehenden Schadens verlangen."[14]

Hierbei muss der Eigentümer einer Sache die Einwirkung auf seine Sache hinnehmen, um damit eine gegenwärtige Gefahr abwehren zu können.[15]

Auch hier ist wieder die Verhältnismäßigkeit der Mittel zu beachten. Insbesondere muss die Einwirkung auf die Sache zur Gefahrenabwehr notwendig und der Wille zur Gefahrenabwehr gegeben sein.

---

[14] Schönfelder, Deut. Gesetze, 2022, 20 BGB, S. 222
[15] Vergl. Peters/Weger/Lowien, Unterrichtung, 2007, S. 66

Wichtig ist auch die Abwägung, dass der drohende Schaden durch die Gefahr erheblich höher sein muss, als der Schaden bei dem unbeteiligten Eigentümer der beschädigten/zerstörten Sache.

Beispiel:[16]

SK wird von einem Hund (= gegenwärtige Gefahr) des H angegriffen. Zur Verteidigung bricht SK eine Latte (Sache) aus dem Zaun des E. E darf diese Schadensverursachung nicht verbieten, jedoch Schadensersatz von SK oder dem Hundehalter H (§ 833 BGB Tierhalterhaftung) einfordern. Beide haften als sog. Gesamtschuldner. Sollte SK in Anspruch genommen werden, so müsste er versuchen, von H den Ersatz zu bekommen. Problematisch wird es, wenn H nicht bekannt ist.

---

[16] Peters/Weger/Lowien, Unterrichtung, 2007, S. 66-67

3. Rechtfertigungsgründe im Strafrecht

Diese „Jedermannsrechte" (Rechtfertigungsgründe) des StGB und der StPO schützen uns davor, dass trotz Erfüllung der Tatbestandsmäßigkeit (z.B. gewollte Fesselung = Freiheitsberaubung) keine verfolgbare Straftat gegeben ist.

Übersicht:[17]

TATBESTANDSVERWIRKLICHUNG
Objektiv -> Verwirklichung einer Tat die gesetzlich
unter Strafe steht (z.B. Diebstahl)
Subjektiv -> z.b. vorsätzlich oder fahrlässig

+

RECHTSWIDRIGKEIT
nicht, wenn ein Rechtfertigungsgrund gegeben ist, z.b.:

=> Notwehr / Nothilfe, § 32 StGB

=> Rechtfertigender Notstand, § 34 StGB

=> vorläufige Festnahme, § 127 StPO

+

SCHULD(fähigkeit)
<u>Keine</u> Schuldfähigkeit wenn Täter:
- nicht einsichtsfähig war (z.b. geisteskrank, stark betrunken)
- bei Tatbegehung noch nicht 14 Jahre alt war
- irrtümlich an Notwehrsituation glaubte (Putativnotwehr)
- einen Entschuldigungsgrund hatte
-> Notwehrexzess (-überschreitung), § 33 StGB
-> Entschuldigender Notstand, § 35 StGB

+

VERFAHRENSVORAUSSETZUNG
(u.a. Täter lebt und Tat ist nicht verjährt)

= Verfolgbare Straftat

---

[17] Vergl. Peters/Weger/Lowien, Unterrichtung, 2007, S. 96 ff

3.1. Notwehr/Nothilfe, § 32 StGB

siehe hierzu sinngemäß 2.1 Notwehr/Nothilfe im BGB

3.2. Rechtfertigender Notstand, § 34 StGB

Gesetzestext § 34 StGB:

„Wer in einer gegenwärtigen, nicht anders abwendbaren Gefahr für Leben, Leib, Freiheit, Ehre, Eigentum oder ein anderes Rechtsgut eine Tat begeht, um die Gefahr von sich oder einem anderen abzuwenden, handelt nicht rechtswidrig, wenn bei Abwägung der widerstreitenden Interessen namentlich der betroffenen Rechtsgüter und des Grades der ihnen drohenden Gefahren, das geschützte Interesse das beeinträchtigte wesentlich überwiegt. Dies gilt jedoch nur, soweit die Tat ein angemessenes Mittel ist, die Gefahr abzuwenden."[18]

Es müssen demnach vorliegen:[19]

- der wahrscheinliche Eintritt eines Schadens, durch

- eine gegenwärtige Gefahr,

- die nur durch diese Handlung abwendbar ist,

- wobei das geschützte Rechtsgut höherwertiger als das verletzte Rechtsgut sein muss.

- Handlung (nur) als Wille zur Gefahrenabwehr und

- angemessen

---

[18] Schönfelder, Deut. Gesetze, 2022, 85 StGB, S. 27
[19] Vergl. Peters/Weger/Lowien, Unterrichtung, 2007, S. 61

Beispiele:[20]

a) Der volltrunkene Gast äußert gegenüber dem Wirt, jetzt mit seinem Pkw nach Hause fahren zu wollen. Der Wirt nimmt dem Gast die Pkw-Schlüssel weg um die Fahrt zu verhindern.

-> Die Eintrittswahrscheinlichkeit eines Unfalls und Verletzung anderer (Schaden) ist wahrscheinlich. Alternative Handlungen, z.b. Einschreiten durch die Polizei, sind nicht rechtzeitig möglich. Der Schutz vor einem Unfallschaden ist höher zu bewerten, als die Wegnahme der Schlüssel.

b) Die Türsteher einer Diskothek bemerken bei einem Gast eine verdeckte Pistole. Sie sind befugt den Gast zu durchsuchen und zu entwaffnen.

-> Die Gefahr des Waffeneinsatzes ist gegenwärtig. Polizei ist nicht schnell genug verfügbar. Die Rechtsgüter Leib und Leben der anderen Gäste sind höherwertiger als das Rechtsgut Eigentum/ Besitz zu bewerten.

---

[20] Vergl. Peters/Weger/Lowien, Unterrichtung, 2007, S. 61-62

3.3 Vorläufige Festnahme, § 127 StPO

Gesetzestext § 127 Abs. 1 S. 1 StPO:

> „Wird jemand auf frischer Tat betroffen oder verfolgt, so ist, wenn er der Flucht verdächtig ist oder seine Identität nicht sofort festgestellt werden kann, jedermann befugt, ihn auch ohne richterliche Anordnung vorläufig festzunehmen."[21]

Voraussetzung ist u.a. das Vorliegen einer verfolgbaren Straftat (vergl. 3.). D.h. schuldunfähige Personen, insbesondere Kinder unter 14 Jahren (!), dürfen nicht festgenommen werden. Ferner müssen Straftaten gegeben sein (vergl. auch 4.). Ordnungswidrigkeiten erlauben somit keine vorläufige Festnahme. Die Polizei ist umgehend zu verständigen. Beachte weiterhin:

„auf frischer Tat verfolgt":

Der Täter hat sich vom Tatort bereits entfernt, aber sichere Anhaltspunkte (z.B. unmittelbare Sicht- oder Hörweite) weisen auf ihn hin.[22]

Oder man wird durch Dritte in eine laufende Verfolgung einbezogen, z.B. durch Hinweise

- wie Rufe „Haltet den Dieb"
- aus der Überwachungszentrale
- von Augenzeugen

auf den Täter und die Tat.

---

[21] Schönfelder, Deut. Gesetze, 2022, 90 StPO, S. 92

[22] Vergl. Peters/Weger/Lowien, Unterrichtung, 2007, S. 68

"Identitätsfeststellung":

Dies ist das Ziel der vorläufigen Festnahme, nicht die Übergabe an die Polizei. Hierzu darf der Täter nicht durchsucht werden. Macht der Täter freiwillig Angaben zu seiner Identität (= Anschrift, z.b. durch Personalausweis) oder ist er gar persönlich bekannt, darf er nicht festgenommen werden.

"Festnahme":

Das Recht zur vorläufigen Festnahme ist nicht von der schwere der Straftat abhängig, also auch bei relativ geringen Taten anwendbar.

Die Festnahme soll grundsätzlich in Form des Ansprechens, An- oder Festhalten des Täters erfolgen. Weitergehende Maßnahmen, wie z.b. leichte körperliche Gewalt oder Fesseln, sind nur angemessen zur schwere der Tat und zum Verhalten des Täters anzuwenden (Grundsatz der Verhältnis- mäßigkeit der Mittel). Eine starke körperliche Gewalt durch die Sicherheitskraft bildet somit die absolute Ausnahme. Schießen oder Würgegriffe sind für private Sicherheitskräfte verboten![23] Ebenso ist ein Einsperren unzulässig, weil dann die geforderte Fürsorge für den Festgenommenen nicht mehr geleistet werden kann.

---

[23] Vergl. Peters/Weger/Lowien, Unterrichtung, 2007, S. 69

4. Häufige Straftaten

4.1. Übersicht

	StGB	Versuch ist strafbar	Antrags-delikt
- Hausfriedensbruch	§ 123		X
- Androhung von Straftaten	§ 126		
- Nichtanzeige geplanter Straftaten	§ 138		
- Missbrauch von Notrufen	§ 145		
- Beleidigung	§ 185		X
- Verletzung Briefgeheimnis	§ 202		X
- Ausspähen von Daten	§ 202 a		X
- Körperverletzung, einfache	§ 223	X	X
- Körperverletzung, gefährliche	§ 224	X	
- Freiheitsberaubung	§ 239	X	
- Nötigung	§ 240	X	
- Diebstahl	§ 242	X	Wert
- Räuberischer Diebstahl	§ 252	X	
- Erschleichen von Leistungen	§ 265 a	X	relativ
- Sachbeschädigung (Vorsatz!)	§ 303	X	relativ
- Brandstiftung	§ 306	X	

„Versuch":
ist der unmittelbare Ansatz zur Straftat, § 22 StGB

„Antragsdelikt":[24]
Bei bestimmten Delikten erfolgt eine Strafverfolgung nur, wenn das Opfer innerhalb von 3 Monaten nach Bekanntwerden der Tat und des Täters einen schriftlichen Strafantrag stellt.

„Offizialdelikt"[25]
muss von der Polizei bzw. Staatsanwaltschaft verfolgt werden, wenn sie davon Kenntnis erlangt. Dies ist bei den meisten Straftaten der Fall, so dass hier nicht gesondert darauf hingewiesen wird.

„Vorsatz"[26]
ist das Begehen einer Tat mit dem Wissen und Wollen um die (Rechts-) Folge der Tat. Der Täter ist sich also bei der Tatbegehung deren Konsequenzen bewusst. Im Gegensatz dazu, liegt bei „Fahrlässigkeit" eine versehentlich (mangels Sorgfalt) begangene Tat vor, deren Folge nicht gewollt war.

---

[24] Vergl. Peters/Weger/Lowien, Unterrichtung, 2007, S. 92
[25] Vergl. Jochmann/Zitzmann, Sachkundeprüfung, 2008, S. 47
[26] Vergl. ebenda, S. 45

4.2 Kurzdarstellung der Straftaten

Hausfriedensbruch (sog. Hausrecht)[27]

Tatbestand:

in Wohnung, Geschäftsräume, befriedetes Gelände (eines anderen)

widerrechtlich Eindringen

(= gegen den Willen des Hausrechtsinhabers körperlich in den geschützten Bereich gelangen)

oder

unbefugt dort verweilen

(= dort verbleiben, trotz Aufforderung zum Verlassen)

Beachte:

Antragsdelikt, Vorsatz und Vollendung der Tat, unterscheide dazu Straftat „Erschleichung von Leistungen"

---

[27] Vergl. Peters/Weger/Lowien, Unterrichtung, 2007, S. 102-103

Störung des öffentlichen Friedens durch
Androhung von Straftaten

Tatbestand:

Androhen oder vortäuschen (öffentliches Bekanntwerden) von

- Landfriedensbruch

- vorsätzlicher Tötung

- schwerer Körperverletzung

- schwerer Tat gegen persönliche Freiheit

- Raub

- räuberischer Erpressung

- Brandstiftung

- Schweres Straßenverkehrsdelikt

Beachte:

Typische Fälle sind Bombendrohung und Schreckanrufe

Vorsatz und Vollendung der Tat, Offizialdelikt

Nichtanzeige geplanter Straftaten

Tatbestand:

Wer von Straftaten wie

- Mord / Totschlag
- Menschenraub / Geiselnahme
- Raub / Räuberische Erpressung
- Brandstiftung
- Bombenexplosion, etc

vor deren Ausführung erfährt und dem Opfer oder der Polizei keine Meldung darüber macht.[28]

Beachte:

Fahrlässigkeit und Vollendung der Tat, Offizialdelikt

---

[28] Vergl. Jochmann/Zitzmann, Sachkundeprüfung, 2008, S. 49-50

Missbrauch von Notrufen und ...

Tatbestand:[29]

- Missbrauch von Notrufen/-zeichen
  (z.b. auch Notbremsen, Feuermelder, Hilferuf)

- Vortäuschen von benötigter Hilfe

- Beseitigen/Unkenntlich machen
  von Warn-/Verbotszeichen

- Beseitigen/Unbrauchbar machen von
  Schutzvorrichtungen/Rettungsgeräte
  (z.b. Feuerlöscher)

Beachte:

Gesteigerter Vorsatz und Vollendung der Tat,
Offizialdelikt

Beleidigung

Tatbestand:

Die Äußerung der Miss- oder Nichtachtung eines

anderen, durch z.B. Wort, Schrift, Bild, Geste oder

Handlung (z.b. Anspucken), ohne Rechtfertigungs-

grund[30]

Beachte:

Vorsatz und Vollendung der Tat, Antragsdelikt

---

[29] Vergl. Jochmann/Zitzmann, Sachkundeprüfung, 2008, S. 50
[30] Vergl. ebenda, S. 50

Verletzung des Briefgeheimnisses

Tatbestand:[31]

Das Öffnen zum Zecke der Kenntnisnahme von nicht für einen selbst bestimmte

- Briefumschläge
- andere verschlossene Schriftstücke
- verschlossene Behältnisse (z.B. Tresor, Schrank)

Das gleiche gilt auch, wenn statt es Öffnens technische Hilfsmittel (z.B. Durchleuchtung) für die Kenntnisnahme verwendet werden.

Beachte:

Vorsatz und Vollendung der Tat, Antragsdelikt

---

[31] Vergl. Jochmann/Zitzmann, Sachkundeprüfung, 2008, S. 51

Ausspähen von Daten

Tatbestand:

Das unbefugte Beschaffen von Daten (für sich oder einen anderen), die gesichert und nicht für einen selbst bestimmt sind. Daten sind solche, die nicht unmittelbar wahrnehmbar sind (also elektronisch, magnetisch o.ä. gespeichert sind, z.b. CD, USB-Stick, etc).

Beachte:

Vorsatz und Vollendung der Tat, Antragsdelikt

Vorsätzliche Körperverletzung[32]

Tatbestand:

- körperliche Misshandlung   oder
- Gesundheitsbeeinträchtigung

z.b. Zufügen von Wunden/Prellungen, auch übertragen von Krankheiten, Betäubung, etc.

Beachte:

Schmerzzufügung ist nicht Voraussetzung,

Vorsatz und Versuch der Tat oder Fahrlässigkeit und Vollendung der Tat, Antragsdelikt

---

[32] Vergl. Peters/Weger/Lowien, Unterrichtung, 2007, S. 117

Gefährliche Körperverletzung

Tatbestand:[33]

Die Begehungsart ist hierzu entscheidend, z.B. durch:

- Gift, o.ä. Stoffe

- eine Waffe oder gefährlichen Werkzeugs

- hinterlistigen Überfalls

- mit anderen Beteiligten gemeinschaftlich

- lebensgefährdende Behandlung
(Handlung könnte theoretisch zum Tode führen)

Beachte:

Vorsatz und Versuch der Tat, Offizialdelikt

Freiheitsberaubung

Tatbestand:

Einen Menschen

- Einsperren   oder

- auf sonstige Weise der Freiheit berauben
(z.B. Fesseln, Betäuben, etc)

Beachte:

Vorsatz und Versuch der Tat, Offizialdelikt

---

[33] Vergl. Jochmann/Zitzmann, Sachkundeprüfung, 2008, S. 52

Nötigung

Tatbestand:

Wer einen Menschen durch

- Gewalt   oder

- Drohung mit einem empfindlichen Übel

zu einem Handeln, Dulden oder Unterlassen

für einen verwerflichen Zweck nötigt.

Beachte:

Vorsatz und Versuch der Tat, Offizialdelikt

Diebstahl[34]

Tatbestand:

Die Wegnahme einer fremden beweglichen Sache, in der Absicht, die Sache sich selbst oder einem Dritten widerrechtlich zuzueignen.

Beachte:

Sachen sind dinglich/fassbare Gegenstände, also z.B. nicht Daten, Rechte, Energie oder auch der lebende Menschenkörper. Vorsatz und Versuch der Tat. Haus- und Familiendiebstahl sind absolute Antrags-delikte. Diebstahl geringwertiger Sachen (bis 50 €) sind relative Antragsdelikte, sonst Offizialdelikte

---

[34] Vergl. Peters/Weger/Lowien, Unterrichtung, 2007, S. 125-127

Räuberischer Diebstahl[35]

Tatbestand:

Nach einem gewaltlosen Diebstahl (1.) wird der Täter auf frischer Tat betroffen (2.) und will mit Gewalt oder Drohung mit Gewalt gegen Leib oder Leben (3.) im Besitz des Diebesgutes bleiben.

Beachte:

Versuch ist strafbar, Offizialdelikt

Erschleichen von Leistungen[36]

Tatbestand:

Erschleichen von

- Leistungen vom Automaten
  (z.B. Einwurf von Falschgeld)

- Beförderung durch Verkehrsmittel
  (sog. „Schwarzfahren")

- Zutritt zu einer Veranstaltung/Einrichtung

Beachte:

Versuch ist strafbar.
Relatives Antragsdelikt (50 € Wertgrenze), sonst Offizialdelikt.

---

[35] Vergl. Peters/Weger/Lowien, Unterrichtung, 2007, S. 133-134
[36] Vergl. Jochmann/Zitzmann, Sachkundeprüfung, 2008, S. 56

Sachbeschädigung

Tatbestand:

Das widerrechtliche Beschädigen oder Zerstören einer fremden Sache.

Beachte:

Vorsatz (!) und Versuch der Tat, relatives Antragsdelikt

Brandstiftung

Tatbestand:

Das Zerstören mittels in Brandsetzung oder Brandlegung von fremden

- Gebäuden oder Hütten
- Betriebsstätten oder technischen Einrichtungen
- Warenlager oder –vorräte
- Fahrzeuge
- Wälder, Heiden, Moore
- Land- /forstwirtschaftliche Anlagen/Erzeugnisse

Beachte:

Vorsatz und Versuch der Tat, Offizialdelikt

5. Verbotene Waffen[37]

Nach § 2 Waffengesetz ist der Umgang mit folgenden
Waffen verboten (Straftat):

- Kriegswaffen und -munition
- Schusswaffen
  die einen anderen Gegenstand vortäuschen
- Zielscheinwerfer, Laser- o. Zielpunktgeräte
  für Schusswaffen
- Nachtsichtgeräte für Schusswaffen
- Hieb- o. Stoßwaffen
  die einen anderen Gegenstand vortäuschen
- Stahlruten und Totschläger
- Schlagringe
- Teleskopschlagstöcke
  die zusammengeschoben kleiner 19 cm sind
- Wurfsterne
- Molotowcocktails
- Präzisionsschleudern
- Elektroimpulsgeräte ohne Prüfzeichen
- Reiz- o. ähnliche Wirkstoffe ohne Prüfzeichen
- Würgehölzer (Nun-Chakus)
- Faustmesser (Skinner)
- Faltmesser (Butterfly-Messer)
- Spring- oder Fallmesser, erlaubt wenn die Klinge:
  - seitlich herausspringt, max. 8,5 cm lang ist,
  - nicht zweiseitig geschliffen ist   etc.

---

[37] Vergl. Peters/Weger/Lowien, Unterrichtung, 2007, S. 199-200

Grundsätzlich dürfen verbotene Waffen auch von Sicherheitskräften nicht in Besitz genommen werden. Der Rechtfertigende Notstand nach § 34 StGB lässt ausnahmsweise die Waffenabnahme (Inbesitznahme) zu. Dies ist der zuständigen Behörde unverzüglich zu melden.[38]

---

[38]Vergl. Peters/Weger/Lowien, Unterrichtung, 2007, S. 200

6. Eigensicherung

6.1 Grundsätze:[39, 40]

Vorab:

O Ausrüstung und Einsatzwagen überprüfen

O Sind Dienstanweisung/Verhaltensregeln bekannt?

Einsatzverhalten:

O Aufmerksam sein („Augen + Ohren offen halten"),
- alle Personen beobachten
- achten Sie auf die HÄNDE der Zielperson(en),
  darin könnten Waffen (Messer, Gas, etc.) sein.
- nie den Rücken zuwenden
- nicht ablenken lassen

O Gesundes Misstrauen behalten:
  Rechnen Sie stets mit Angriffen und Widerstand,
  nicht gutgläubig sein (mögliche Falle)

O Überlegen, wie Sie handeln können und dürfen

O Seien Sie:
  höflich, sachlich, ruhig, bestimmt, deutlich,
  selbstsicher, entschlossen, dennoch freundlich

O Funkverbindung halten

O Beobachten–Melden–ggf. Verstärkung anfordern

O Lichtverhältnisse beachten/erzeugen
  (Zielpersonen stehen im Licht, nicht man selbst)

---

[39] Vergl. Jochmann/Zitzmann, Sachkundeprfg., 2008, S. 102-105
[40] Vergl. Otto/Gilles, Kurzinformation, 2005, S, 17-18

O Bei Gefahr:
- Abstand zu Zielperson(en) vergrößern
- Sicherungsstellung einnehmen
- Hände der Zielperson(en) beobachten/zeigen
  lassen
- ggf. Deckung suchen / Rückzug

Bei Personenkontrollen durch **2 Sicherheitskräfte** sollte das Sicherheitsteam vor Einsatzbeginn absprechen:[41]

- Wer von beiden kommuniziert mit Zielperson(en)

- Wer sichert (+ funkt)

- Wie soll sich bei Flucht der Zielperson(en) Verhalten werden?

- Einsatzwagen verschlossen?

---

[41] Vergl. Schacht/Bopp/Frese, Eigensicherung, 2003, S. 14

6.2 L-Stellung[42]

Für das Ansprechen bzw. Kontrollieren von Zielpersonen (ZP) ist die sog. L-Stellung vorteilhaft.

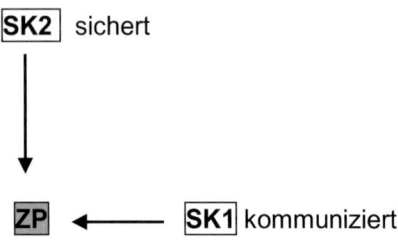

SK2 sichert

ZP ⟵ SK1 kommuniziert

SK = Sicherheitskraft
ZP = Zielperson(en)

Eine Sicherheitskraft (**SK1**) nimmt das Ansprechen bzw. die Kommunikation mit der Zielperson vor. Hierbei sollte ein Sicherheitsabstand von 1-2 Armlängen eingehalten und eine leicht abgewandte Stellung zur ZP eingenommen werden. Dies bietet der ZP nur eine schmale Angriffsfläche. Die Stellung sollte so erfolgen, dass ggf. die „schwache Hand" (i.d.R. links) den Kontakt (z.B. Ausweis entgegennehmen) zur ZP aufnimmt. Bei einem Angriff durch ZP kann so mit der eigenen starken Seite (i.d.R. rechts) mittels Fauststoß/Fußtritt reagiert werden.[43]

---

[42] Vergl. Schacht/Bopp/Frese, Eigensicherung, 2003, S. 13-14
[43] Vergl. Schacht/Bopp/Frese, Eigensicherung, 2003, S. 110-111

Sicherheitskraft (**SK2**) steht ca. 4-5 Schritte seitlich (etwa rechter Winkel) zur ZP und beobachtet (grds. passiv) deren Verhalten (Sicherungsfunktion). Die seitliche Position ist insofern vorteilhaft, als SK2 die Handlungen (Hände, etc) von ZP recht gut beobachten kann, von ZP selbst aber nur im Augenwinkel oder vollends durch drehen des Kopfes gesehen wird. Auch kann bei nötigen Schusswaffeneinsatz durch beide SK keine gegenseitige Gefährdung eintreten.[44]

Wollte ZP tätlich angreifen, so müsste er sich entscheiden, wen der beiden SK er zuerst attackiert. Beide SK dürften durch den entsprechenden Abstand nicht gleichzeitig durch ZP erreichbar sein.

Sollte es von der ZP zu Widerstand oder Aggression kommen, würde sich dieser Angriff wahrscheinlich zuerst an SK1 richten. SK2 würde seinem Kollegen sofort zur (Not-) Hilfe eilen.

Handelt es sich um mehrere Zielpersonen (Gruppe), sind die Personen anzuweisen, zusammen stehen zu bleiben.[45]

Umfangreiche Selbstverteidigungs- oder Festnahmetechniken können an dieser Stelle leider nicht erläutert werden (siehe aber auch 7. Festnahme und Fesselung). Als weitergehende Literatur kann hier das Buch „Praktische Eigensicherung" von Schacht/ Bopp/ Frese empfohlen werden.

---

[44] Vergl. Schacht/Bopp/Frese, Eigensicherung, 2003, S. 110-111
[45] Vergl. Schacht/Bopp/Frese, Eigensicherung, 2003, S. 14

6.3 Z-Stellung[46]

bietet sich an, um bei einem Streit zweier Personen (ZP1 und ZP2) diese voneinander zu trennen.

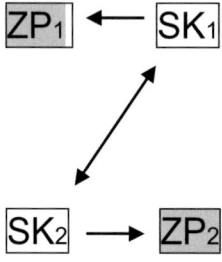

In der Z-Stellung haben beide Sicherheitskräfte jeweils eine Zielperson voll im Blickfeld und können sowohl den Sicherheitskollegen als auch bedingt die andere Zielperson beobachten.

---

[46] Vergl. Schacht/Bopp/Frese, Eigensicherung 2003, S. 15

6.4 Fahrzeugkontrollen[47]

O auf Verkehrssicherheit achten /

  geeignete Plätze wählen

O Anweisungen (Sprache/Zeichen) deutlich geben
  (ggf. beleuchtete Hilfsmittel verwenden)

O mit „Durchstarten" (Flucht) rechnen

O Motor ausstellen und Schlüssel abziehen lassen

O nie vor das Fahrzeug treten!

O nie in das Fahrzeug hineinbeugen

O HÄNDE der Zielpersonen beobachten,
  bei Gefahr ggf. anweisen die Hände auf das
  Lenkrad bzw. an die Fensterscheiben zu legen

O möglichst von der Beifahrerseite herantreten ggf.

O bei Herantritt von der Fahrerseite[48]
  -   sich nicht direkt vor Türen stellen,
      (besser im Bereich des B-Holms)
  -   Sicherheitsabstand einhalten
  -   Fahrertür öffnen lassen, dadurch
      bessere Einsicht in den Innenraum und
      automatische Innenbeleuchtung

---

[47] Vergl. Jochmann/Zitzmann, Sachkundeprüfung, 2008, S. 104
[48] Vergl. Schacht/Bopp/Frese, Eigensicherung, 2003, S 71

7. Festnahme und Fesselung

7.1 Festnahme

Rechtsgrundlagen für eine Fesselung können sein:

- § 229 BGB Selbsthilfe (u.a. Festnahme)
- § 127 StPO Vorläufige Festnahme
- § 34 StGB Rechtfertigender Notstand (Notwendigkeit der Fesselung zur Gefahrenabwehr)

Folgende grundlegende Situationen sind denkbar:[49]

Eine Festnahme erfolgt grundsätzlich in Form des Ansprechens der Zielperson (z.B. „Ich nehme Sie fest wegen ..."), ggf. verbunden mit einem tätlichen Festhalten. In aller Regel dürfte keine weitergehende Gewalt notwendig sein. Die Zielperson folgt den Anweisungen der Sicherheitskraft.

Beachte:

Eine Festnahme sollte immer ausgesprochen werden, nach Möglichkeit mit kurzer Begründung. Oftmals wissen Zielpersonen nicht, dass die Sicherheitskraft zur Festnahme berechtigt ist, und widersetzen sich. Dies gilt es zu vermeiden.

---

[49] Vergl. Peters/Weger/Lowien/ Unterrichtung, 2003, S. 69

Beachte

immer den „Grundsatz der Verhältnismäßigkeit der Mittel"! Die Maßnahme „Fesselung" muss angemessen zum Grund für die Fesselung (Gefahr bzw. Tat) sein.

Leistet die Zielperson nur leichten Widerstand dürfte eine Fesselung i.d.R. nicht zulässig sein. Mit zunehmender Intensität des Widerstandes darf auch die Intensität der körperlichen Gewalt verstärkt werden, die dann ggf. zu einer Fesselung führen kann.

Eine andere Festnahmesituation könnte die unterlegene Position der Sicherheitskraft sein, wenn sie z.B. allein überraschend zwei/mehrere Einbrecher in einem Gebäude stellt und festnehmen muss (Selbstschutz).

Vorkommen kann auch, dass die Sicherheitskraft unvermittelt angegriffen wird und sich sofort im Rahmen der Notwehr verteidigen muss. Zum Selbstschutz werden dem Angreifer Handfesseln angelegt und dann die Festnahme ausgesprochen.

7.2 Fesselung[50]

Zum Einsatz kommen als Handfessel meist die sog. „Handschellen", als Ausführung mit Kette oder Gelenk und einer Arretierungsmöglichkeit der Fesselringe. Die Arretierung ist wichtig, damit es nicht zu einem ungewollten Zusammendrücken der Fesselringe kommen kann, die dann die Handgelenke der Zielperson quetschen und verletzen könnten. Die optimale Fesselung erfolgt i.d.R. hinter dem Körper; die Handrücken dabei zueinander.[51]

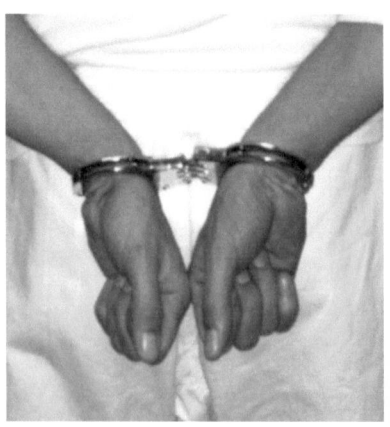

Abb. 1

---

[50] Vergl. Schacht/Bopp/Frese, Eigensicherung, 2003, S. 36-43
[51] Vergl. Schacht/Bopp/Frese, Eigensicherung, 2003, S. 40

<u>Beachte:</u>[52]

- niemals die Zielperson an sich selbst (SK) fesseln
- immer beide Hände fesseln, nur im Ausnahmefall (z.B. ein Arm verletzt) eine Hand fesseln
- Trotz Fesselung wachsam sein!
- Fesselung ruhig und richtig vornehmen
- Handfesseln nicht zu eng anlegen und
- abschließend die Fesselringe arretieren

Zum Abführen geht die Sicherheitskraft geht neben der gefesselten Zielperson und unterstützt sie führend am Arm. So kann bei einer etwaigen Flucht sofort eingegriffen werden, aber auch bei einem Stolpern/Stürzen der Zielperson geholfen werden.

---

[52] Vergl. Schacht/Bopp/Frese, Eigensicherung, 20, S. 37-40

8. Meldung

Reihenfolge für Handlungen im Notfall:

1. Melden
2. Retten (ggf. zuvor Gefahrstelle absichern!)
3. Weitere (Hilfs-) maßnahmen (Löschen, etc)

Melden nach der „7 W – Regel"[53]:

Wann	ist etwas geschehen (Tag, Uhrzeit)
Wo	ist etwas geschehen: genaue Ortsangabe
Wer	ist beteiligt (Melder, Täter, Geschädigter)
Was	ist geschehen (Sachverhalt/Ereignis kurz beschreiben)
Wie	ist etwas geschehen
Womit	wurde das Geschehen begangen oder ausgelöst (z.B. Werkzeuge, Waffen, etc)
Warum	ist etwas Geschehen (Ursache, Motiv)

---

[53] Vergl. Otto/Gilles, Kurzinformation, 2005, S. 14

9. Verhalten am Tatort

Nach den Sofortmaßnahmen (Meldung, etc.)
schützen Sie den Tatort vor Veränderungen[54]:

- ggf. andere Personen anweisen,
  nichts anzufassen
- Ausnahme: Erste-Hilfe durchführen
- möglichst absperren des Tatortes
- keine eigenen Spuren verursachen
- ggf. „Trampelpfad" – also nur 1 Spur - anlegen

---

[54] Vergl. Otto/Gilles, Kurzinformation, 2005, S. 22

10. Kfz-Erfassung/Personenbeschreibung[55]

Meldender: _____

Ort: _____

Datum: _____

Uhrzeit: _____

Fahrzeug

Kennzeichen: _____

Farbe: _____

Kfz-Typ: _____

Auffälligkeiten:

---

[55] Vergl. Otto/Gilles, Kurzinformation, 2005, S. 21

48

Personenbeschreibung

O männlich   O weiblich

Größe ca. _____ cm   Alter ca. _____

Statur
O dünn O untersetzt O dick O gepflegt O ungepflegt

Haare
O kurz O mittel O lang   O Glatze O Halbglatze
O hell O mittel O dunkel O grau
O glatt O wellig O lockig

Bart
O nein O Vollbart O Schnurrbart O Backenbart

Brille
O ja O nein

Beschreibung der Kleidung:

Auffälligkeiten / sonstiges:
(z.B. Sprache, Tätowierungen, Piercings, Narben, Behinderungen)

11. Sicherheitskraft als Beschuldigter[56]

Im Dienstalltag kann es durchaus vorkommen, dass auch Sicherheitskräfte als Straftäter beschuldigt werden. Nicht selten erfolgt dies aus Rache als sog. Gegenstrafanzeige, nach dem Motto „Zeigst Du mich an, dann zeige ich Dich auch an".

Ein klassischer Fall ist z.B. gegeben, wenn sich die Sicherheitskraft mit körperlicher Gewalt verteidigen bzw. durchsetzen musste. Es haben dann meist Zielperson und Sicherheitskraft gegenseitig körperliche Gewalt ausgeübt. Grundsätzlich hat dann jeder von beiden den Tatbestand der Körperverletzung (am anderen) verwirklicht. Ob und wem nun ggf. der Rechtfertigungsgrund der Notwehr zuerkannt wird, hat abschließend das Gericht zu beurteilen.

Die Polizei nimmt hierzu verfahrens- und pflichtgemäß beide Strafanzeigen (Personendaten und Sachverhalt) auf. Sie trifft keine rechtliche Entscheidung.

---

[56] Vergl. Peters/Weger/Lowien, Unterrichtung, 2007, S. 79-80

Wird einer Sicherheitskraft eine Straftat vorgeworfen, sollte sie immer an ihre Rechte (i.d.R. gem. StPO) denken:[57]

-> vor einer Aussage mit einem Rechtsanwalt beraten
-> Pflichtangaben sind nur:
   Name / Geburtstag und –ort / Beruf / Adresse

-> alle weiteren Angaben dürfen, auch vor Gericht, verweigert werden

-> Pflicht zum Erscheinen besteht nur gegenüber Staatsanwaltschaft oder Gericht (nicht Polizei)

-> Anspruch auf einen Pflichtverteidiger u.a. wenn,
   - Vorwurf eines Verbrechens
   - Straferwartung von über 1 Jahr oder
   - Sach- oder Rechtslage schwierig sind

---

[57] Vergl. Peters/Weger/Lowien, Unterrichtung, 2007, S. 80

12. Sicherheitskraft als Zeuge[58]

Diese Funktion dürfte meist zum Alltag der Sicherheitskraft gehören. Beobachtet beispielsweise der Ladenhausdetektiv den Dieb und nimmt ihn darauf hin fest, so ist er automatisch Zeuge der Tat.

Zeugen müssen:

-> vor Staatsanwaltschaft und Gericht erscheinen

-> die Wahrheit aussagen

Zeugen brauchen nicht:

-> Aussagen gegen nahe Verwandte, Ehegatten oder Lebenspartner

-> Fragen beantworten, die sie selbst gefährden würden, wegen einer Straftat verfolgt zu werden

---

[58] Vergl. Peters/Weger/Lowien, Unterrichtung, 2007, S. 81

13. Jugendschutz (Auszug JuSchG)[59]

§ 1 Begriffsbestimmungen (Personen)

Kinder: Personenalter unter 14 Jahre

Jugendliche: Personenalter 14-17 Jahre

§ 5 (öffentliche) Tanzveranstaltungen

Die Anwesenheit ohne Begleitung von Personensorgeberechtigten oder Erziehungsbeauftragten ist

- für Kinder und Jugendliche unter 16 Jahren nicht
- für Jugendliche ab 16 Jahren bis 24 Uhr

  gestattet.

§ 9 Alkoholische Getränke

Es dürfen in Gaststätten, Verkaufsstellen oder sonstiger Öffentlichkeit:

Bier, Wein (und ähnliche Getränke), Schaumwein, oder deren Mischungen mit nichtalkoholischen Getränken an Kinder und Jugendliche unter 16 Jahren

sowie

alkoholische Getränke oder beträchtlich alkoholhaltige Lebensmittel an Kinder und Jugendliche

nicht abgegeben werden oder deren Verzehr gestattet werden.

---

[59] Vergl. JuSchuG v. 23.7.2002, geän. 9.4.2021, (BGL I S. 742)

14. Eigene Notizen

Abkürzungen

BGB	Bürgerliches Gesetzbuch
bzw.	beziehungsweise
ca.	circa
d.h.	das heißt
etc.	etcetera
GewO	Gewerbeordnung
ggf.	gegebenenfalls
i.d.R.	in der Regel
JuSchG	Jugendschutzgesetz
o.A.	ohne Angabe
o.O.	ohne Ortsangabe
S.	Seite
SK	Sicherheitskraft
sog.	sogenannt
StGB	Strafgesetzbuch
StPO	Strafprozessordnung
u.a.	unter anderem
vergl.	vergleiche
z.B.	zum Beispiel
ZP	Zielperson

Literaturverzeichnis

Schönfelder
(Deut. Gesetze, 2022)
Schönfelder Deutsche Gesetze - Sammlung des Zivil-, Straf-
und Verfahrensrechts, 191. Ergänzungslieferung, Stand
August 2022, München: C.H. Beck, 2022

Jochmann, Ulrich / Zitzmann, Jörg
(Sachkundeprüfung, 2008):
Sachkundeprüfung im Bewachungsgewerbe, 6. über-
arbeitete Auflage, Stuttgart, München, Hannover, Berlin,
Weimar, Dresden: Richard Boorberg , 2008

Otto / Gilles
(Kurzinformation, 2005)
Kurzinformation Sicherheit, 5. Auflage, o.O.: Richard
Boorberg, 2005

Peters, Andree / Weger, Joachim / Lowien, Thomas
(Unterrichtung, 2007),
Unterrichtung im Bewachungsgewerbe, Auflage o.A., Berlin:
DIHK Deutscher Industrie– und Handelskammertag, 2007

Schacht, Arnold / Bopp, Wolfgang / Frese, Herbert
(Eigensicherung, 2003)
Praktische Eigensicherung, 4. Auflage, Hilden/Rhld.: Verlag
Deutsche Polizeiliteratur GmbH Buchvertrieb, 2003

Autor

Volker Römstedt
Inhaber Sachkundeprüfung § 34a GewO